BORDEAUX,

Au mois de Mars 1815,

OU

NOTICE,

Sur les événemens qui ont précédé le départ de
S. A. R. MADAME DUCHESSE D'ANGOULÊME ;

Par GAYE de MARTIGNAC fils,

OFFICIER DE LA GARDE NATIONALE BORDELAISE.

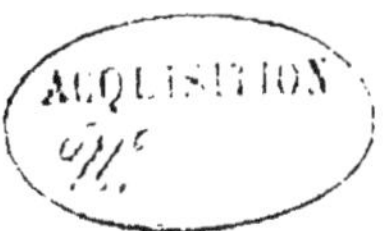

Quæque ipse miserrima vidi
Et quorum pars..... fui.

VIRGILE ENÉIDE.

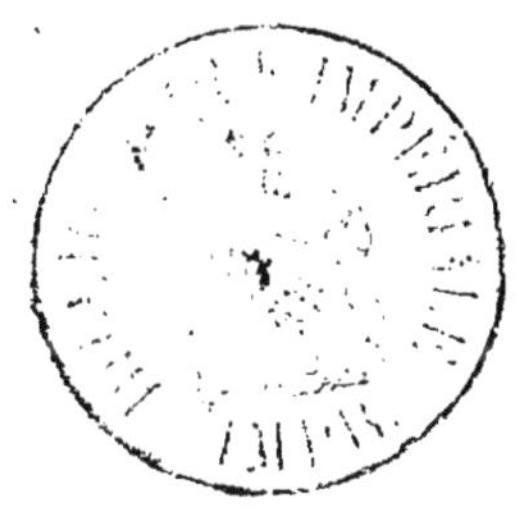

A BORDEAUX,

CHEZ LAWALLE JEUNE, IMPRIMEUR-LIBRAIRE, ALLÉES
DE TOURNY, N°. 20.

AVERTISSEMENT.

—

La Notice que je publie aujourd'hui a été rédigée dans les premiers jours qui ont suivi le départ de Madame. Je l'ai communiquée en manuscrit à un grand nombre de personnes dans le milieu du mois d'Avril. J'avais même l'intention de la livrer sur le champ à l'impression. Mes amis s'y opposèrent, et la crainte d'exposer à des vengeances ceux de mes compatriotes que j'avais eu occasion de nommer, me détermina à suivre ce conseil. J'attendis un moment plus heureux; ce moment est enfin arrivé.

Cette Notice est imparfaite en ce sens, qu'elle ne contient pas tous les détails qui se rattachent au tableau de cette époque funeste; elle ne renferme que les faits principaux que j'ai connus d'une manière positive; mais elle a cet avantage, que tout ce qui s'y trouve est exact et fidèle. Ce sont des matériaux utiles pour l'historien qui entreprendra le récit général de nos derniers malheurs.

J'ai laissé mon ouvrage tel que je l'avais d'abord écrit et communiqué ; je n'y ai ajouté que quelques notes qui m'ont paru nécessaires. J'ai placé à la suite un court exposé de quelques faits postérieurs. Ces faits sont d'un médiocre intérêt , parce qu'ils me sont personnels ; mais on y trouve quelques traits qui font assez bien connaître les *protégés* ou les *protecteurs* du tyran déchu , dont l'ombre nous a effrayés quelques jours.

BORDEAUX,

Au mois de Mars 1815.

Bordeaux avait joué un trop grand rôle dans les événemens qui ont préparé et amené le rétablissement de la famille des Bourbons sur le trône de France, pour que sa conduite, dans la nouvelle révolution qui a ramené Napoléon, ne dut pas appeler les regards, et pût être sans importance. Son dévouement, son exaltation pour la cause du Roi, étaient connus et cités. La présence de Madame avait encore enflammé les cœurs et les esprits. Tout annonçait que Bordeaux donnerait l'exemple d'une résistance opiniâtre, et qu'il faudrait, pour le soumettre, des forces considérables, du temps et de grands efforts.

Le général Clausel s'est présenté devant cette ville avec deux ou trois cents hommes et deux pièces de canon, et après quelques heures d'opposition, les autorités civiles et militaires ont demandé un court délai, et lui ont annoncé le départ de la Princesse, qui , en effet, a quitté Bordeaux.

Ces événemens si imprévus, ce dénouement si étrange et si prompt, doivent paraître extraordinaires , et peuvent laisser dans les esprits des impressions défavorables aux habitans d'une ville qui , jusque-là, s'était montrée avec quelque honneur.

Je suis Bordelais ; le hasard, le concours des circonstances , m'ont placé de manière à tout voir et à tout connaître dans ces momens de crise et de trouble. Je peux, mieux que personne, raconter les faits, faire connaître la vérité toute entière, et je crois de mon devoir de conserver une tradition fidèle d'un événement important dans notre histoire , et qu'on a, jusqu'ici, complétement défiguré.

Je me crois d'autant plus obligé à remplir cette tâche que je m'impose, que les relations qui ont été publiées contiennent des *erreurs* qu'il m'importe essentiellement de détruire.

Je raconterai, comme témoin, tout ce que j'ai vu ou entendu moi-même ; je ferai connaître les sources où je puiserai les récits accessoires qui compléteront ma relation.

Madame et Monseigneur le Duc d'ANGOULÊME arrivèrent à Bordeaux le 5 Mars, et y furent reçus avec des transports qu'il n'est pas possible de décrire.

Le commerce et la ville avaient offert à LL. AA. RR. des fêtes qu'elles avaient acceptées.

La première eut lieu le 9 Mars. Le Duc d'ANGOULÊME y assista avec MADAME, et personne ne remarqua en eux le plus léger trouble qui annonçât quelque sujet d'inquiétude.

Le lendemain 10, on apprit, avec le plus grand étonnement, que le Prince était parti peu de momens après avoir quitté la fête. Le motif de ce départ précipité fut d'abord ignoré; mais on fût instruit, dans le courant de la journée, que Bonaparte avait débarqué en Provence avec quelques centaines de soldats, et que cet événement avait déterminé S. A. R. à se diriger, sans délai, de ce côté.

Cette nouvelle causa plus de surprise que d'inquiétude : on ne vit, dans cette entreprise de Bonaparte, que le dernier effort d'une rage impuissante, et on attacha peu d'importance aux bruits qui se répandirent sur ses premiers progrès. Le départ du Prince ne changea rien aux dispositions déjà faites pour le séjour des deux époux, et l'anniversaire du douze Mars fut célébré aveo ivresse et avec enthousiasme. Il semblait que la possibilité d'un danger rendit plus vif et plus passionné l'amour qu'on éprouvait pour la fille de Louis XVI.

Cependant, ce qui paraissait d'abord à peine digne de notre attention, commençait à la fixer toute entière.

L'entrée de Bonaparte à Grenoble, la conduite des premiers régimens qui s'étaient trouvés sur son passage, les justes craintes que donnait cet exemple, et enfin l'occupation de Lyon, toutes ces circonstances, successivement apprises, annoncèrent une grande crise et un danger certain.

L'ardeur et le dévouement des Bordelais s'accrurent en proportion du péril, et la Princesse, qui était restée au milieu d'eux, fut souvent touchée jusqu'aux larmes des témoignages qu'elle en reçût.

Le Roi ayant appelé à la défense du trône et de la charte, et les gardes nationales et les citoyens, une foule considérable d'habitans se fit inscrire au nombre de ceux qui étaient destinés à partir. Les hommes, à qui leur âge ou leur position ôtaient la possibilité de suivre les mouvemens de leur cœur, voulurent au moins contribuer, par des sacrifices pécuniaires, à cette grande et sainte entreprise, et de nombreuses souscriptions furent faites par les citoyens de toutes les classes.

Il y avait là, sans doute, des élémens suffisans pour organiser une défense respectable, et capable de conserver long-temps au moins, la ville de Bordeaux, à son Souverain légitime; mais ce n'était pas assez que d'avoir des matériaux, il fallait les mettre en œuvre avec habileté et avec promptitude; il fallait, pour les utiliser, des hommes fermes, expérimentés, et dont la volonté fut inébranlable.

Je n'ai l'intention d'accuser personne. Je crois que ceux que leurs fonctions appelaient à tout voir et à tout régler étaient attachés à la cause du Roi, et désiraient la voir triompher (1); mais je ne saurais dissimuler que la plupart d'entr'eux apportèrent, à l'exercice de

______

(1) L'opinion générale, à Bordeaux, était, dès la fin de Mars, que le général Decaen avait trahi la haute confiance dont il était honoré. J'avoue que je ne partageais pas cette opinion, et que, malgré quelques raisons assez fortes de le soupçonner, je ne m'arrêtais pas à une idée dont ma raison et mon cœur étaient également révoltés. J'ai lu depuis une proclamation datée de Toulouse et signée *Decaen*. La lecture de cet affreux écrit a cruellement détruit cette illusion, et en qualifiant d'indignation et d'horreur le sentiment qu'elle m'a fait éprouver, je me reproche d'en adoucir beaucoup trop l'expression.

leur autorité, une négligence ou une confiance dont les résultats ont été ensuite irréparables.

Les jours s'écoulèrent et rien ne se fit. Il s'agissait de lutter contre un homme dans les mains de qui la promptitude et l'assurance sont les armes les plus dangereuses, et le temps se perdit en plans, en délibérations, en travaux d'organisation.

On apprit l'entrée de Bonaparte à Paris, et rien n'était prêt encore.

Cette nouvelle ne refroidit pas le zèle des habitans de Bordeaux, mais elle découragea ceux qui étaient chargés de le diriger, et dans les mains de qui résidait le pouvoir. La défection de la plus grande partie de l'armée et des généraux, et l'occupation de la capitale, leur montrèrent la France entière soumise ou subjuguée, et leur firent voir, dans la résistance de Bordeaux, une tentative dangereuse et sans espoir de succès.

Dès ce moment, je suis convaincu que les projets de défense trouvèrent, de leur part, plus d'obstacles que de secours, et c'est à ce calcul, que je ne n'attribue pas cependant à la déloyauté, que nous devons en grande partie ce qui a suivi.

Bordeaux avait alors une garnison considérable. Le 8me. régiment de ligne y était tout entier ; il y avait, en outre, un bataillon du 62me. (les deux autres bataillons de ce dernier régiment occupaient la citadelle de Blaye). Outre ces deux corps, Bordeaux renfermait un très-grand nombre d'officiers à la demi-solde, qui s'y étaient réunis pour former un corps de volontaires royaux.

L'exemple qu'avaient déjà donné les troupes de ligne, et des motifs particuliers et graves faisaient soupçonner fortement qu'on ne devait avoir aucune confiance dans les corps dont se composait la garnison. On avait plus que des doutes sur les dispositions de la troupe qui se trouvait à Blaye, et un nouvel incident confirma les idées que nous avions conçues à ce sujet.

Une compagnie de gardes nationales Bordelaises ayant été envoyée à la citadelle, le commandant prit le prétexte d'un prétendu défaut de forme, dans l'ordre dont le capitaine était porteur, et refusa de recevoir les hommes qu'il conduisait.

Pendant que cela se passait à Blaye, les amis du trouble, ou les partisans de la révolution qui s'opérait, cherchaient à semer la division entre la troupe de ligne et la garde nationale ;

ils essayaient de persuader à la première qu'on avait l'intention de la désarmer, et excitaient ainsi sa défiance et sa haine. Vainement les gardes nationaux employaient-ils tous les moyens qui étaient en leur pouvoir pour détruire l'effet de ces insinuations perfides, les soldats répondaient à leurs avances avec froideur, et conservaient dans leur cœur, et leurs soupçons et leur résolution déjà prise.

Nous étions alors au 23 Mars. Jusqu'à ce moment, je n'avais pas fait partie de la garde nationale; et malgré mon inscription, en date du 13 Mars, je n'avais reçu ni ordre ni avis. Le moment de la crise approchait; je renouvelai mon offre; elle fut acceptée, et M. le vicomte de Pontac, colonel, m'attacha à son état-major en qualité d'officier d'ordonnance.

Le Dimanche 26, une revue générale eut lieu dans le Jardin-Public. MADAME y vint; elle fut accueillie avec des transports inexprimables. Un bataillon carré fut formé; deux des côtés étaient remplis par la troupe de ligne; les deux autres étaient composés de gardes nationales. MADAME se plaça au centre. M. le général Decaen adressa un discours (1) aux

______

(1) C'est la même main qui a écrit ce discours, et qui, deux mois après, a écrit aussi la proclamation de Toulouse.

deux troupes, et des cris de Vɪᴠᴇ ʟᴇ Rᴏɪ y répondirent de toutes parts.

Les officiers et soldats de la ligne mirent plus de chaleur, dans leurs démonstrations, qu'ils ne l'avaient fait jusqu'alors ; mais les personnes bien informées ne se fiaient point à ces apparences, et savaient bien que la cause du Rᴏɪ ne trouverait pas là des soutiens.

Le calme continua à régner à Bordeaux pendant trois jours. Les communications avec Paris avaient été interceptées, et l'ignorance où l'on était des événemens, en augmentant l'inquiétude, semblait aussi augmenter l'exaltation des Bordelais.

Cependant, Mᴀᴅᴀᴍᴇ fut instruite que le général Clausel, nommé par Napoléon, Gouverneur de la onzième division militaire, se dirigeait sur Bordeaux.

Il n'amenait point de troupes avec lui ; mais il était arrivé à Angoulême sans difficulté, conduisant à sa suite les brigades de gendarmerie qu'il rencontrait, et grossissant ainsi son cortège. Il pouvait arriver de cette manière devant Bordeaux, et faire parvenir ses ordres à la garnison. C'était là un danger pressant qu'il fallait éviter.

Le 29 Mars, M. le gouverneur Decaen donna

l'ordre écrit, à M. le Colonel de Pontac, de passer avec cinq cents hommes sur la rive droite de la Garonne, d'en placer cent au passage de Cubzac, autant à celui de St.-Pardon, et de conserver trois cents hommes au Carbon-Blanc. M. de Pontac devait envoyer à M. le major de Mallet, qui était à St.-André-de-Cubzac avec cent vingt hommes du 8me. et quelques volontaires royaux de la compagnie de M. de Lastour, l'ordre de repasser sur la rive gauche de la Dordogne, et d'aller occuper St.-Loubès.

Cette dernière mesure était particulièrement déterminée par les nouvelles que M. le Gouverneur avait reçues de Blaye, et qui lui apprenaient que le commandant de la citadelle avait refusé d'obéir à un ordre formel qu'il lui avait adressé, et avait déjà reconnu Napoléon.

A la réception de l'ordre de M. le Gouverneur, le colonel de Pontac fit battre le rappel; la garde nationale fut rassemblée en un instant et dirigée sur le Port. Il était déjà sept heures du soir; cinq cents hommes furent choisis et passèrent sur l'autre rive, n'emportant avec eux ni linge, ni argent, ni provisions, et cependant, sans murmurer, et aux cris mille fois répétés de VIVE LE ROI! VIVE MADAME!

Les dispositions de M. le Gouverneur furent exécutées ; les postes indiqués furent occupés. Je me rendis avec le colonel à celui de Saint-Vincent, c'est-à-dire, au passage de Cubzac ; nous y arrivâmes au milieu de la nuit. Le lendemain matin j'allai chercher, à Saint-André, M. le major de Mallet qui se retira, laissant seulement quelques volontaires royaux à cheval chargés de parcourir la rive droite, et de contraindre les bateliers à passer sur la rive gauche.

Je partis à une heure après midi pour aller rendre compte à M. le Gouverneur de l'exécution de ses ordres, et prendre de nouvelles instructions. Je devais aussi, en passant au Carbon-Blanc , faire marcher sur St.-Vincent les deux pièces de canon et le caisson qui étaient destinés pour ce dernier lieu. Je transmis en effet cet ordre qui fut exécuté.

Je passai à Bordeaux la soirée du jeudi , et j'assistai au banquet qui avait été offert aux officiers de la garnison par ceux de la garde nationale. Le Gouverneur , les Officiers généraux , le Préfet , le Maire y assistaient. M. Lainé et M. Romain Desèze s'y trouvaient aussi.

La santé du Roi, celle de Madame, celle des

Généraux et des Armées restées fidèles à Louis XVIII , furent portées et accueillies avec transport.

Un des convives , le brave général Dona-dieu, porta le toast suivant : « *Au dévouement* » *de la ville de Bordeaux* ; puisse le grand » exemple qu'elle donne , faire rougir et trem-» bler les traîtres qui pensent en ce moment à » violer leur serment et à abandonner la plus » sainte des causes ».

Ce vœu fut entendu avec ivresse. J'obser-vais les officiers du 8me. et du 62me. Ils applau-dirent comme nous-mêmes, et un cri unanime sembla attester qu'aucun des convives n'avait à *rougir* ni à *trembler*.

Le moment de l'épreuve approchait.

J'avais reçu l'ordre du général Decaen de me trouver chez lui le lendemain à sept heures du matin.

Je m'y rendis. J'eus avec lui une conversa-tion d'une heure entière. J'y appris que le chef d'escadron de gendarmerie Beylin, qui avait été envoyé à Monlieu, avait été joint par M. le général Clausel, s'était réuni à lui avec sa troupe et avait contre-signé lui-même l'enve-loppe d'une lettre adressée à M. le général Mignotte, par M. Clausel, afin qu'elle parvînt plus sûrement au premier.

M. le général Decaen me donna quelques instructions sur les mesures à prendre ; M. le général Lafon-Blaniac me donna de son côté quelques ordres , et je partis à huit heures et demie.

J'arrivai au Carbon-Blanc à neuf heures et demie , j'y vis M. de Peyronnet qui commandait le détachement qui s'y trouvait ; je lui remis les ordres qui le concernaient , et continuai ma route sur St.-Vincent, où je fus rendu à dix heures un quart. Là , je remarquai un rassemblement de troupes assez considérable : M. le Colonel m'apprit que la rive droite de la Dordogne était déjà occupée par quelques troupes Impériales. J'aperçus en effet quelques soldats sur le port de Cubzac, et j'entendis des cris de *vive l'Empereur* qui arrivaient jusqu'à nous.

Le pont-volant était encore au milieu de la rivière ; il était indispensable de le ramener de notre côté , ou au moins de le mettre hors de service. L'inspecteur du Port avait, sous divers prétextes, éludé constamment l'exécution de cette mesure; mais il fallait agir sans délai.

M. de Pontac fit venir l'inspecteur, et donna des ordres sévères; celui-ci protesta de l'impossibilité absolue où il était de faire conduire le pont-volant à St.-Vincent; mais il offrit de le rendre innavigable, au moyen d'une manœuvre qu'il indiqua. M. de Pontac voulut que cette manœuvre fût faite en sa présence, afin de n'avoir aucun doute sur son exécution. Il s'embarqua avec l'inspecteur et deux matelots dans une petite barque; je l'accompagnai.

Nous arrivâmes sur le pont-volant, et les matelots firent les dispositions nécessaires pour exécuter la manœuvre convenue.

La troupe qui etait sur la rive droite s'en aperçut: l'officier du port *héla* l'inspecteur, et lui dit que le *Commandant* de la troupe Impériale lui *ordonnait* de cesser sa manœuvre, en lui annonçant qu'on allait faire feu sur le pont.

M. de Pontac ne s'occupa point de cette menace, et la manœuvre fut achevée. A l'instant, plusieurs coups de fusil furent tirés sur nous. Quelques balles portèrent sur le pont-volant.

Notre opération étant consommée, nous revînmes à terre.

Peu de momens après, quelques hommes de la rive droite s'embarquèrent à leur tour et se dirigèrent vers le pont que nous venions de quitter. Ils firent d'inutiles efforts pour le remettre en activité; mais ils y plantèrent le pavillon tricolore.

A cette **vue**, une pièce de canon fut dirigée sur le pont, une autre fut braquée sur le port de St.-André-de-Cubzac.

En même-temps, une vingtaine d'hommes de bonne volonté se jetèrent dans une barque pour aller débusquer ceux qui s'étaient emparés du pont, et en arracher le pavillon.

Les *Impériaux* ne les attendirent pas ; ils enlevèrent leur drapeau et retournèrent à terre.

Nos volontaires qui se dirigaient eux-mêmes (tous les matelots s'étant éloignés), furent entraînés par le courant et ne purent jamais parvenir au pont ; ils suivirent la rivière au travers d'une fusillade très-vive et revinrent à terre à quelque distance de St.-Vincent. Ils avaient eu un homme assez grièvement blessé à la jambe, et qui passa au milieu de ses camarades en criant VIVE LE ROI.

Après avoir envoyé une vingtaine de boulets à l'ennemi, et tout le monde ayant quitté le Port, le colonel fit cesser le feu.

Cependant, un mécontentement assez fort s'était manifesté parmi les volontaires, et notamment parmi ceux qui composaient un bataillon actif, dont les soldats étaient étrangers à la garde nationale et même à la ville.

Une grande partie était venue sans munitions, et en demandait inutilement depuis le matin. Le colonel avait envoyé deux ordonnances à M. le Gouverneur pour en obtenir, et n'avait encore reçu aucune réponse.

Les choses étaient dans cet état, lorsque vers trois heures de l'après midi, le porte-voix de Cubzac nous annonça qu'on avait quelque communication à nous faire. Nous écoutâmes avec attention.

M. le général Clausel demandait qu'on lui envoyât un officier pour recevoir des volontaires royaux qui avaient été faits prisonniers et qu'on voulait nous rendre.

Cette demande fut renouvellée trois fois. M. le Colonel jugea convenable qu'on allât chercher les prisonniers, et me chargea de cette mission. Je choisis un sous-officier, M. Bernos fils, et deux grenadiers, et je traversai la rivière.

Un officier supérieur, que j'ai su depuis s'appeler M. Laval, vint me recevoir et m'engagea à laisser mon escorte dans le bateau : ce que je fis.

Je fus accueilli, en descendant sur le Port, par des cris de *vive l'Empereur*; mais sur ma vive réclamation, M. Laval imposa silence à sa troupe.

Je fus conduit dans une maison où je trouvai M. le général Clausel. Mon intention n'est pas de rapporter notre conversation entière, elle fut longue ; il crut devoir me raconter tous les événemens qui avaient eu lieu depuis le débarquement de Napoléon.

Il m'assura que toutes ses mesures étaient prises pour arriver à Bordeaux le lendemain ; qu'il y arriverait sans tirer un coup de fusil ; qu'il n'avait pas besoin de troupes, attendu que celles qui formaient la garnison de Bordeaux étaient déjà sous ses ordres.

M. le général Clausel me parla beaucoup de *l'indulgence* dont voulait user l'Empereur ; il m'assura qu'il répondait de la vie de tous les habitans de Bordeaux, *excepté de celle de M. Lynch.*

Il m'annonça que tout ce qu'il me disait était déjà consigné dans sa proclamation et ses ordres du jour. Il m'engagea à en prendre quelques exemplaires. Je le refusai formellement.

M. le général Clausel avait une dépêche toute préparée pour les autorités civiles et militaires de la ville de Bordeaux. Il me demanda si je voulais m'en charger, et comme je balançais, il la décacheta et me la fit lire.

Après l'avoir lue, je consentis à la porter,

mais à la condition expresse, et *non autrement,* que je ne remettrais le paquet à son adresse, *qu'en présence de* MADAME.

Après un moment de réflexion, M. le général Clausel donna son assentiment à cette condition.

Je lui promis de rapporter une réponse avant le point du jour, et je convins avec lui, que jusqu'à ce moment, il n'y aurait aucune hostilité. Je crus devoir faire cette convention, parce que je savais que nos volontaires n'avaient pas de munitions, et que je gagnais ainsi le temps nécessaire pour en faire porter moi-même.

Je quittai Cubzac pour retourner à Saint-Vincent. On me remit sur le Port deux volontaires de la compagnie des marins qui s'étaient laissé prendre. L'un d'entr'eux refusa de s'embarquer avec moi; l'autre, qui était un tambour, me suivit avec joie.

Dans la traversée, M. Bernos m'apprit qu'on avait jeté dans le bateau des proclamations et des ordres du jour. Nous les déchirâmes et les jetâmes dans la rivière.

Ce n'est pas tout. Le tambour que je ramenais, craignant d'être découvert, ou peut-être fidèle et de bonne foi, m'avoua qu'on avait démonté sa caisse et qu'on y avait renfermé un assez grand nombre de papiers.

En arrivant à terre, la caisse fut portée à M. le Colonel, qui en retira les papiers, et les jetta au feu.

Je m'abstiens de toute réflexion ; je raconte, et le lecteur n'a pas besoin que j'ajoute rien à ce récit.

Après avoir rendu compte à mon chef de tout ce qui venait de se passer, je me rendis à Bordeaux. Je trouvai sur le Port un caisson de munitions qui se dirigeait sur St.-Vincent, accompagné par M. de Reignac ; j'allai descendre au Château-Royal.

Je fus introduit auprès de MADAME ; je lui fis le récit exact de la journée, et je lui remis le paquet dont j'étais chargé.

MADAME fit appeler M. le Gouverneur, M. le Préfet, M. le Maire et M. Lainé ; elle me fit répéter, devant eux, le récit que j'avais déjà eu l'honneur de lui faire. Les dépêches de M. le général Clausel furent lues ; elles contenaient des plaintes amères sur les hostilités commises dans la journée, des promesses d'un oubli total pour le passé, et une déclaration formelle par laquelle les autorités civiles et militaires étaient rendues responsables des malheurs que pourrait entraîner une plus longue résistance.

MADAME avait versé des larmes au récit du léger combat, dans lequel un de nos volontaires avait été blessé; elle écouta, avec sang-froid et fermeté, les sommations et les plaintes du général Clausel.

Notre premier mot fût qu'il fallait s'occuper d'elle; mais elle nous imposa silence, et ne voulut entendre parler que de la ville, de son intérêt et de ses dangers.

La sûreté de Bordeaux veut-elle qu'il capitule ou qu'il se défende? Telle fut la seule question qu'il fût permis d'examiner.

Le conseil général du département, le conseil d'arrondissement et le conseil municipal venaient de se réunir à la Préfecture. MADAME pensa que c'était à eux qu'il appartenait de prendre une résolution, et elle desira que j'allasse leur rendre compte de l'état des choses.

Je me rendis, en effet, à l'assemblée, où M. Lainé vînt aussi. Je fis, aux divers conseils réunis, le rapport circonstancié des faits et je me retirai.

MADAME m'avait ordonné de me trouver à dix heures du soir au Château. J'y allai; je trouvai dans le cabinet de S. A. R. les personnes que j'y avais déjà vues, et en outre, M. le général Harispe, M. Filhot de Marans et M. le vicomte de Montmorency.

M. de Filhot de Marans, Président du conseil général, annonça à MADAME que les conseils réunis avaient délibéré de faire part à la garde nationale, déjà convoquée pour le lendemain, de la situation de la ville, et de savoir d'elle si elle était dans la possibilité de résister à force ouverte. Au surplus, les conseils s'en remettaient à MADAME, et à l'autorité supérieure, sur tout ce qu'on jugerait convenable de faire.

Sur cela, il s'engagea, en présence de MADAME et entre les diverses personnes qu'on avait appelées, une discussion fort vive et fort animée.

Quels étaient les moyens de défense de la ville? Qu'avait-elle à craindre et à espérer? Telles étaient les questions essentielles, et sur lesquelles M. le Gouverneur était vivement pressé par tout le monde, et notamment par M. Lainé, dont l'énergie et la chaleur étonnaient et entraînaient.

La ville, répondait M. le Gouverneur, ne peut compter que sur la garde nationale; c'est là sa seule défense.

Quant à la garnison, il annonçait que ses

dispositions étaient plus propres à inquiéter qu'à rassurer.

J'ai, dit-il, réuni ce soir même, chez moi, les officiers des deux corps, en présence de M. le général Harispe, je leur ai demandé si la troupe combattrait, avec la garde nationale, pour la cause du Roi. Leur réponse a été négative. J'ai demandé si, du moins, elle consentirait à rester neutre, et ils m'ont dit qu'ils n'oseraient pas répondre que les soldats vissent tranquillement tirer sur leurs frères d'armes.

Cette explication, fournie par M. Decaen, donna lieu à une vive altercation entre M. Lainé et lui.

M. Lainé voulait qu'on donnât ordre aux troupes de partir pour Bayonne, et M. Decaen répondait qu'elles n'obéiraient pas, et que cet ordre imprudent hâterait le moment de la défection.

M. Lainé voulait, au moins, pour sauver l'honneur de la ville, que MM. Decaen et Harispe donnassent une déclaration écrite, portant qu'ils avaient la certitude que la garnison tirerait sur la garde nationale, dans le cas où il y aurait un engagement entre cette dernière et la troupe du général Clausel. « Que

» l'univers, que la postérité sachent » , s'écriait
M. Lainé, « qu'une Princesse auguste, qui s'ap-
» pelle MARIE-THÉRÈSE , défendue par l'amour
» d'une population entière, garantie par deux
» rivières, a cédé à l'absolue nécessisé , et n'a
» pas fui devant un prévôt et cinquante gen-
» darmes ».

Le général Decaen se refusait à donner cette
déclaration ; mais il répétait ce qui s'était passé
avec les officiers, et arrivait toujours à cette
conséquence , que la ville ne pouvait résister
long-temps.

MADAME, interrogée sur sa volonté, répondait constamment qu'elle ne voulait pas com-
promettre inutilement la ville ; que s'il était
reconnu que la résistance ferait couler du sang
sans espoir de succès, il fallait céder; « J'aurai,
» disait-elle , conservé la bonne ville de Bor-
» deaux au Roi, aussi long-temps que je l'aurai
» pu ; je me retirerai satisfaite d'elle et de moi ».

Il était minuit, et aucune résolution n'avait
été prise ; il fallait cependant s'arrêter à un
parti.

MADAME me demanda si le détachement que
j'avais laissé à St.-Vincent défendrait le passage, et pourrait garder ce poste quelque temps·
J'avais vu les volontaires dans les meilleures

dispositions; il ne leur manquait que des munitions, et j'en avais rencontré sur la route. Je
répondis que le poste serait gardé , et que le
général Clausel ne passerait pas à Cubzac avec
sa faible troupe.

Cette réponse termina la discussion. Il fut
convenu que je repartirais sur-le-champ; qu'au
point du jour je ferais dire au général Clausel
que *les autorités civiles et militaires n'avaient
pas envoyé de réponse*; il fut arrêté, en outre,
qu'un parti définitif serait pris le lendemain,
après avoir consulté la garde nationale.

Il était minuit et demi ; je partis à franc-étrier
pour St.-Vincent.

J'arrivai au Carbon-Blanc à une heure et
demie du matin ; j'y trouvai beaucoup d'agitation, de tumulte, et un rassemblement considérable. J'en demandai la cause, et j'appris,
avec une surprise et une douleur qu'on peut
se figurer, que le poste de St.-Vincent était
évacué, et que le détachement qui l'occupait
s'était retiré.

Je ne pouvais croire à la vérité de cette nouvelle; mais elle me fut confirmée par M. le
colonel de Pontac, lui-même, que je trouvai
dans une auberge du Carbon - Blanc, avec
MM. de Monval, de Reignac, Acquart et quelques autres.

M. de Pontac m'apprit que la veille, vers huit à neuf heures du soir, quelques coups de fusil s'étaient fait entendre sur la rive droite de la Dordogne; que ce bruit avait causé de l'inquiétude aux volontaires, *qui n'avaient pas encore reçu les munitions attendues depuis si long-temps*; que des murmures s'etaient élevés ; que quelques hommes du bataillon actif , qui cherchaient à jeter le trouble et l'alarme, profitant de cette disposition, avaient poussé le terrible cri : *nous sommes vendus* ; que ce mot funeste avait répandu le désordre, et avait entraîné une retraite précipitée qu'il avait été impossible d'arrêter.

M. le Colonel, resté avec quelques volontaires royaux et quelques gardes nationaux, qui se trouvaient en très-petit nombre, avait été contraint de se replier sur le Carbon-Blanc, où il avait fait conduire les deux pièces de canon.

Tel fût le récit qui me fut fait , et qui me plaça dans une situation extrêmement embarrassante et pénible. On a vu que c'était sur l'assurance que j'avais donnée, que le passage serait gardé, que la délibération avait été prise. Le passage était abandonné , et tout changeait de face.

Je pensai qu'il convenait de retourner à Bor-

deaux faire connaître ce changement funeste.
M. le Colonel était de cet avis, et je remontai
à cheval.

J'arrivai à trois heures. J'allai d'abord chez
M. Lainé ; je fis avertir M. le Maire ; j'allai ré-
veiller M. le Gouverneur , *qui dormait pro-
fondément* ; j'entrai chez M. de Montmorency,
et nous nous fîmes annoncer chez MADAME.

Pendant que cela se passait, M. le capitaine
Gipoulon arriva du Carbon-Blanc, et nous
apprit que peu de momens après mon départ,
un nouveau trouble, produit par les mêmes
moyens, avait eu le même résultat qu'à St.-
Vincent ; qu'on avait crié à l'improviste que
les pièces étaient prises, et qu'à ces mots, la
déroute s'était mise dans la troupe, dont une
grande partie avait abandonné le Carbon-Blanc.
M. Gipoulon demandait de nouveaux renforts.

Ce nouvel incident rendait le danger plus
imminent, et obligeait plus fortement encore
à prendre un parti.

MADAME reçut cette nouvelle avec la même
fermeté que les précédentes ; elle ne parla jamais que de Bordeaux, de la garde nationale,
des dangers dont la ville était menacée, et ne
souffrit pas que l'on s'occupât de sa propre
sûreté.

.Dans l'état où étaient les choses, le général Clausel pouvait arriver devant Bordeaux au point du jour, ou au moins dans la matinée; il fallait éviter cette arrivée soudaine dont les conséquences étaient effrayantes.

Il fut arrêté qu'on lui écrirait pour lui demander la journée entière. M. Lainé rédigea et écrivit lui-même une lettre conçue à peu près en ces termes :

MONSIEUR LE GÉNÉRAL,

« Madame la Duchesse d'ANGOULÊME ayant
» eu connaissance des communications que
» vous avez faites aux autorités civiles et mili-
» taires de la ville de Bordeaux, et voulant
» épargner à cette ville les malheurs que pour-
» rait lui faire éprouver une plus longue résis-
» tance, fait des dispositions pour son départ.

» Nous vous demandons jusqu'à demain,
» pour que le départ de S. A. R. puisse s'ef-
» fectuer avec tous les honneurs qui sont dus
» à son rang ».

Cette lettre fut signée par M. le général Decaen, par M. de Valsusenay et par M. Lynch; elle me fut remise pour être portée, sur-le-champ, à M. le général Clausel.

J'étais extrêmement fatigué. MADAME daigna

s'en apercevoir et me témoigner l'intérêt qu'elle y prenait; elle poussa la bonté jusqu'à me tendre sa main, que je baisai et que je baignai de larmes après avoir posé un genou à terre.

Madame pleurait elle-même ; *M. Decaen avait la tête appuyée sur sa main* ; M. Lynch était plongé dans une rêverie profonde; M. de Valsusenay sanglottait en faisant ses adieux, et M. Lainé se promenait à grands pas dans le sallon, laissant voir sur sa figure l'expression des sentimens dont il était agité (1).

Il était cinq heures du matin. Je montai à cheval dans la cour du Château, avec un trompette et un postillon.

En passant la rivière, je rencontrai plusieurs volontaires qui revenaient. J'en trouvai trois sur la route, appartenant au bataillon actif. Après que je les eus passés, l'un d'entr'eux tira un coup de fusil. Le trompette m'assura qu'il avait tiré sur moi ; il prétendit , au contraire, avoir tiré en l'air.

Je continuai ma route. Au Carbon-Blanc, je

---

(1) Je me rappelle que M. de Valsusenay , à genoux comme moi , devant S. A. R. , s'écria : « J'étais destitué par le Roi , » je le sais ; mais ma fidélité est inébranlable , et je vous jure » de ne jamais accepter de fonctions de l'homme qui fait couler » nos larmes ». J'ai du plaisir à rappeler ce serment , maintenant que le temps de l'épreuve est passé.

trouvai le major de Mallet, qui revenait de St.-Loubès, avec son détachement du huitième. Je lui fis part de ma mission et me dirigeai sur St.-Vincent.

Après la fourche des deux chemins, je vis venir à moi quelques gendarmes; ceux-ci ayant aperçu un officier et un trompette, crurent qu'ils étaient suivis par un escadron de cavalerie, et se replièrent, en toute hâte, sur un gros détachement de gendarmerie , à la tête duquel je reconnus l'adjudant-commandant Laval , que j'avais vu la veille.

Ce détachement avança sur moi avec les pistolets et les carabines armés ; je m'annonçai comme parlementaire. M. Laval me reconnut, vint à ma rencontre, et retourna sur ses pas avec moi.

Je remarquai qu'il donna à un officier de gendarmerie un ordre à porter à M. le major de Mallet, et il me dit que cet ordre enjoignait à cet officier de se rendre auprès du général Clausel. J'ai su depuis que M. de Mallet avait refusé d'obéir, et s'était replié sur Bordeaux avec sa troupe.

J'arrivai à St.-Vincent. Une partie du détachement Impérial avait déjà passé la rivière. Le général était encore sur la rive droite. Je

lui portai ma dépêche ; il consentit, sans difficulté, au délai qu'on lui demandait ; il alla
même jusqu'à m'assurer que si MADAME, *qui
devait connaître son dévouement à sa personne,*
pouvait accepter ses services, il aurait l'honneur de l'accompagner au lieu qu'elle choisi-
rait. Je crus pouvoir le remercier de cette offre
et lui déclarer qu'elle serait inutile.

Notre conversation fut encore longue. Le général Clausel me parla beaucoup de M. Lainé,
pour lequel il me dit avoir une estime particulière, et il me chargea spécialement de l'assurer qu'il pouvait rester à Bordeaux sans aucune inquiétude ; je lui annonçai que M. Lainé
n'avait pas attendu cette assurance pour prendre la résolution de ne pas quitter Bordeaux,
ou les environs, tant que son devoir ne l'appel-
lerait pas ailleurs, et que les sollicitations
pressantes de ses amis n'avaient pu ébranler
cette résolution (1).

Il fut convenu que les troupes du général
Clausel resteraient jusqu'au lendemain sur la
rive droite de la Garonne ; que les courriers et

______

(1) Je compris aisément, par tout ce que me dit M. le général
Clausel, sur M. Lainé, que c'était là une conquête que son parti
ambitionnait ; mais je pus lui annoncer d'avance que celle-là
échapperait à toute la puissance et à tous les artifices de son
maître.

les diligences y seraient retenus jusqu'à la même époque, et que le drapeau tricolore ne serait pas arboré à la Bastide pendant toute la journée du Samedi.

La promesse la plus formelle fut renouvelée que personne ne serait inquiété à Bordeaux, par suite des événemens qui avaient eu lieu depuis le mois de Janvier 1814 (1).

Après avoir ainsi tout réglé, je quittai M. le général Clausel, et je partis avec M. L'adjudant-commandant Laval. Nous passâmes au Carbon Blanc où il n'y avait plus personne de la troupe de M. de Mallet.

Au bas de la côte, nous trouvâmes M. Georges Bontems, qui venait au-devant de moi en voyé par MADAME, afin de connaître les résultats de ma mission. Nous revinmes ensemble jusqu'à la Bastide où M. Laval resta.

En traversant la rivière, j'aperçus le port de Bordeaux couvert de gardes nationales et d'une foule immense de citoyens.

Je débarquai avec peine au milieu d'eux, et

____

(1) On peut s'informer auprès du capitaine Gautier et des trente braves qui allèrent avec lui rejoindre le Duc d'ANGOULÊME, auprès de MM. de Tauzia, de Peyronnet, de MM. les volontaires royaux, etc., etc., on saura avec quelle *religieuse fidélité* cette promesse a été tenue.

je me rendis en toute hâte au Château. Je rendis compte à Madame de tout ce qui s'était passé ; je lui racontai, avec de longs détails, toute la conversation que j'avais eue avec le Général. Elle approuva tout ce que j'avais dit et tout ce que j'avais fait.

Cependant, des mouvemens violens et une agitation extrême se manifestaient dans la ville et jusques dans les appartemens du Château.

On parlait hautement de se défendre, d'attaquer même le général Clausel. La garde nationale et les volontaires royaux se plaignaient avec chaleur, avec indignation, de ce qu'on enchaînait leur dévouement.

Une nouvelle discussion s'engagea en présence de Madame, entre le général Decaen et plusieurs personnes. On lui reprocha sa lenteur, sa négligence, le refus qu'il avait fait de fournir des munitions. On alla jusqu'à l'accuser de mauvaise volonté, de mauvaise foi, de trahison. Il répondit avec amertume, se défendit avec force ; mais n'en persista pas moins à soutenir qu'on ne pouvait pas résister, particulièrement à cause des dispositions de la garnison, qui allaient placer la garde nationale entre deux feux.

On révoquait en doute ces dispositions : on

assurait que divers officiers de la ligne répondaient de leurs compagnies ; ces assertions étaient formellement démenties d'un autre côté.

Au milieu de ce désordre et de ce choc d'opinions, MADAME avait reconnu qu'il y avait un danger réel, certain, inévitable pour la ville, et il ne lui en fallait pas davantage pour prendre une résolution définitive.

Elle voulait qu'on cédât, puisqu'il fallait du sang pour résister ; mais elle craignait, avec raison, l'effervescence de la population et de la garde nationale ; elle redoutait le moment où on annoncerait une capitulation, et tremblait qu'on ne se portât à quelques excès.

Les cris et les plaintes s'entendaient jusques dans le sallon où nous étions réunis. MADAME se détermina à faire entrer quelques-uns des plus bouillans, afin de leur parler, et ils furent introduits.

M. Hovy jeune, l'un des volontaires royaux, porta la parole au nom de ses camarades ; il annonça qu'ils voulaient tous mourir pour le Roi et pour MADAME ; des larmes d'attendrissement et de rage coulaient de ses yeux, et il demandait avec instance et emportement la permission d'attaquer.

Ici recommença, avec plus de force encore, la scène qui venait d'avoir lieu. Plusieurs personnes opposaient la prudence à l'enthousiasme, et montraient les suites inévitables de la résolution qu'on allait prendre.

Tout le monde convenait que si l'on n'avait à combattre que le général Clausel, il n'y aurait pas à balancer, et qu'il faudrait se défendre ou même attaquer ; mais les plus emportés étaient forcés de convenir que si la troupe de la garnison, beaucoup plus nombreuse et mieux armée que la garde nationale prenait part à l'affaire, dans l'intérêt du général Clausel, il n'y avait pas d'espoir de succès.

Tout dépendait donc des dispositions de la garnison, et ceux qui les avaient sondées assuraient qu'elles nous étaient contraires.

On en était à ce point, lorsque quelqu'un entra précipitamment et annonça que M. le major de Mallet était revenu avec son détachement du huitième qui était resté fidèle. On voyait là une preuve que les craintes, qu'on avait sur l'esprit de la troupe, étaient mal fondées.

Dès ce moment, il n'y eut plus à délibérer. Quelqu'un proposa que MADAME allât, elle-même, à la caserne, demander aux soldats s'ils voulaient combattre pour le ROI.

Ce parti n'était pas sans inconvénient; mais on n'en voulut voir aucun, et sans autre examen, cette proposition fut adoptée, et Madame sortit dans sa calèche, accompagnée de tous les officiers-généraux, pour sé rendre aux casernes.

J'étais tellement accablé de fatigue et de besoin, que je ne pus pas suivre la Princesse; je me retirai chez moi où je me jetai sur un lit.

Environ une heure après, je fus réveillé par M. Laclaverie, adjudant de la garde nationale, lequel vint me dire que le général Clausel avait fait *héler* du port de la Bastide; qu'on était allé s'informer de ce qu'il demandait, et qu'il avait annoncé qu'il voulait me parler. M. Laclaverie me dit qu'il avait fait connaître cette demande à M. de Montmorency, qui l'avait transmise à la Princesse, et que S. A. R. avait donné ordre qu'on vint me chercher de sa part.

Je courus au Château. Madame me dit: « Vous allez passer la rivière et trouver le gé- » néral Clausel; vous lui direz que, dans un » temps plus heureux, *je l'avais distingué*; qu'il » m'a souvent assurée, alors, de son dévoue- » ment et de son affection; que je lui en de- » mande une preuve en faveur de la ville de » Bordeaux. Vous lui direz, que je lui tiendrai

» compte de ce qu'il fera pour les Bordelais,
» beaucoup plus que si c'était pour moi-même».

J'ignorais encore ce qui s'était passé pendant ma courte absence. Je me hasardai à le demander à MADAME, dont l'extrême bonté m'encourageait. Tout est donc fini, lui dis-je, et les soldats..... « Ils m'ont refusé hautement, » dit-elle, en m'interrompant, et j'en rends » grâces à Dieu; je FRÉMISSAIS (1) qu'ils ne me » fissent des promesses; ils ne les auraient pas » tenues, et vous en auriez été les victimes. » Croyez-vous, lui dis-je, MADAME? — Ils vous » auraient tous égorgés, s'écria t-elle, et je ne » m'en serais jamais consolée ».

Je ne demandais pas de détails; mais MADAME daigna m'en donner. Elle avait demandé aux soldats s'ils voulaient combattre pour la cause du Roi, et on avait répondu *non*: elle

(1) *Je Frémissais....* Ce mot peint l'âme de celle qui le prononçait. Il était resté gravé dans mon cœur, lorsque, quelques jours après l'avoir entendu, j'ai lu le *compte rendu* de cette funeste journée, par des journalistes qui se disaient français. L'audace de leurs mensonges, l'insolence de leurs observations, firent sur moi une impression qui ne s'effacera jamais. Ah! sans doute, ceux qui avaient osé écrire ainsi n'avaient pas entendu, n'avaient pas vu MADAME. La cupidité, l'ambition, la perfidie ont pu chercher à lui nuire pour servir son ennemi et le nôtre ; mais pour l'outrager, il ne suffisait pas d'être faux , méchant et parjure ; il fallait ne pas la connaître.

avait demandé si, du moins, la garnison consentirait à rester neutre, et *un officier supérieur*, organe de ses camarades et des soldats, avait déclaré *qu'ils ne verraient pas tranquillement égorger leurs frères d'armes.*

A ces réponses avaient été jointes des offres de service adressées à MADAME, et qui avaient pour objet sa sûreté personnelle. MADAME avait déclaré qu'elle n'en avait pas besoin, et s'était retirée.

MADAME était allée de là sur le Port, où était réunie la garde nationale, et après avoir fait renouveler le serment d'obéissance, elle avait ordonné aux volontaires de se retirer, et leur avait sévèrement défendu de se porter à aucun acte d'hostilité contre les troupes du général Clausel.

Voilà ce que MADAME me raconta, elle-même (1). Elle ignorait ce qui avait suivi son départ du Port; je ne l'appris que quelques momens après.

Indépendamment de la mission particulière

---

(1) Ce que S. A. R. ne me dit pas, et ce que tous les témoins m'apprirent ensuite, c'est qu'elle avait déployé, au milieu de cette horde de soldats rebelles et parjures, un courage, une fermeté et une énergie dignes de son âme et de son nom.

de MADAME, je fus encore chargé d'annoncer au général Clausel, que le lendemain dimanche, avant neuf heures du matin, une députation de la ville irait au-devant de lui; je devais tâcher d'obtenir la promesse qu'il attendrait jusqu'à ce moment pour traverser la rivière.

Je partis. En arrivant sur le Port, je remarquai beaucoup de trouble; j'appris, qu'après le départ de MADAME, des hommes armés s'étaient portés à des violences extrêmes contre M. le général Decaen et M. de Puységur inspecteur des gardes nationales, qui s'étaient, cependant, retirés sans accident. J'appris aussi, avec autant de surprise que de douleur, que le capitaine Troplong ayant voulu s'éloigner avec sa compagnie, suivant l'ordre de S. A. R., avait été menacé, arrêté, et enfin frappé de mort, par des hommes de ce bataillon dont j'ai déjà eu occasion de parler.

Au milieu des grands intérêts dont j'étais occupé, des grands événemens qui se pressaient autour de moi, je ne pus entendre, sans verser des larmes, le récit funeste de la mort de ce brave jeune homme, que le fer ennemi avait respecté huit ans dans les combats, et qui venait d'expirer, sur le sol qui l'avait vu naître, victime de nos discordes civiles (1).

Je m'embarquai, la mort dans le cœur, et j'arrivai seul à la Bastide. Le général Clausel se promenait sur le Port.

Il me reçût bien; mais il me parut *mécontent* de ce qui s'était passé à Bordeaux sous ses yeux, et notamment de la démarche que venait de faire MADAME, et qu'il avait mal interprêtée.

Je lui expliquai ce que MADAME avait fait auprès de la garde nationale; mais je ne lui parlai pas de la démarche faite auprès de la garnison. Je ne crus pas qu'il fut convenable d'entrer avec lui dans ces détails.

Je m'acquittai des deux missions dont j'étais chargé. Le général me répondit que la recommandation de MADAME était inutile, attendu que ses devoirs, d'accord avec ses sentimens, mettaient la ville de Bordeaux et ses habitans

---

(1) Les plus nobles passions ont leurs erreurs et leurs excès. Des hommes dévoués à la sainte cause ont essayé de justifier la mort du capitaine Troplong, en élevant des doutes sur sa fidélité et son dévouement. Ce doute affreux est venu ajouter encore à la douleur, au désespoir de son inconsolable famille. Je ne ferai pas, à mon malheureux compagnon d'armes, l'injure de le défendre. Tous ceux qui l'ont connu savent s'il était franc, loyal et dévoué. L'erreur, si elle a existé, n'a du moins duré qu'un moment, et les regrets qu'a causés sa perte dureront autant que la vie de ses amis.

en parfaite sûreté. Il promit, quoiqu'avec quelque peine, d'attendre jusqu'au lendemain , à neuf heures, la députation annoncée.

On se rappelle que c'était le général Clausel qui m'avait fait appeler. Son motif était celui-ci : il avait été convenu, comme on l'a vu, que le pavillon tricolore ne serait pas arboré à la Bastide avant le dimanche matin ; mais le général n'avait point prévu que le pavillon blanc flotterait à toutes les croisées du port de Bordeaux ; c'est ce qui était arrivé au moment où Madame s'y était présentée. Cet incident avait déterminé le général Clausel à faire arborer les couleurs Impériales ; mais il n'avait pas voulu le faire sans m'en avertir, afin de n'être *pas accusé d'avoir manqué à sa parole.*

J'insistai vainement pour obtenir l'exécution de notre première convention. L'ordre fut donné de préparer le drapeau.

Cependant, le Général m'interrogeait vivement sur ce qui s'était passé, et sur les causes de cette fusillade qu'il avait entendue.

Je lui dis qu'une partie de la garde nationale avait obéi, sans murmure, à l'ordre de Madame, que l'autre, avait trouvé honteux de capituler devant une poignée d'hommes, et voulait résister ; que cette différence de volontés avait

amené les voies de fait dont il avait été le te-
moin.

Le général Clausel me répondit qu'on avait
tort de s'occuper de la petite troupe qu'il avait
avec lui ; que ce n'était pas sur elle qu'il comp-
tait ; qu'au besoin, il entrerait seul en ville ;
que depuis plusieurs jours, la garnison de Bordeaux lui obéissait et *n'obéissait qu'à lui.*

Il m'assura, qu'à un signal donné, ses ordres
seraient exécutés, et m'offrit, même, de m'en
fournir la preuve à l'instant.

Je n'en eus pas besoin, car dans le même
moment, le drapeau tricolore ayant été arboré
à la Bastide, un drapeau semblable parut sur
les tours du Château-Trompette.

Je quittai le général Clausel pour retourner
à Bordeaux.

En arrivant au Port, je fus entouré par une
troupe d'hommes armés qui voulaient m'obli-
ger à leur rendre compte de ce que je venais
de faire à la Bastide, et de ce qui s'était passé
entre le Général et moi. Ce ne fut pas sans
peine et sans danger que j'obtins un passage ;
mais je ne pus pas empêcher qu'ils ne formas-
sent une escorte tumultueuse pour me conduire
jusqu'au Château.

Madame parut satisfaite en me voyant arriver.

Elle eut la bonté de me dire qu'elle avait trouvé le temps long, et qu'elle avait craint qu'on ne m'eût retnue pour ôtage.

Je restai près d'un quart d'heure seul avec S. A. R. Je lui rendis, de tout, le compte le plus fidèle.

Quand j'eus fini, elle m'engagea à aller prendre du repos, et me dit : « Vous avez eu, de- » puis deux jours, bien des fatigues et bien des » dangers ; je vous assure que je n'oublierai » jamais ce que vous avez fait pour moi ».

Je ne sais pas ce que je répondis ; je sortis précipitamment, et j'allai chercher, au moins, le repos du corps.

J'ai su que Madame était partie le soir même ; les larmes de ceux qui l'avaient accompagnée à Pauillac m'apprirent qu'elle s'y était embarquée (1).

____

(1) On a souvent parlé de ce départ , mais personne n'a pu, personne ne pourra jamais en donner une juste idée. Cette foule de jeunes Bordelais qui avaient suivi jusqu'à ce moment funeste, la Princesse Auguste , objet de tant d'amour et de douleur , cette population entière qui se pressait autour d'elle, qui s'emblait chercher à la retenir par ses sanglots et ses pleurs , et lui renouvellait encore ce serment de fidélité si

J'ai su que le général Clausel était entré le lendemain.

Je n'allai point le voir.

Le lundi matin, il m'envoya d'abord un gendarme, puis un officier pour m'engager à passer chez lui.

J'obéis : il me reçut avec politesse, et m'invita à le voir souvent, et *à l'aider de mes avis*, dans une ville où il était étranger.

Je le remerciai de la confiance qu'il vou-

---

religieusement gardé dans nos cœurs, cette consternation profonde, cette expression du désespoir qui se peignait sur toutes les figures, la Princesse elle-même, exhortant au courage et à la résignation ceux qu'elle était forcée de fuir, répondant à tant de larmes par ses larmes, aux sermens de fidélité par des promesses de souvenir, jettant son panache blanc au milieu de ses gardes qui le partageaient entr'eux avec les transports de l'amour et le respect dû aux choses saintes, s'écriant, pour les rappeler à la vie par l'espérance : « *Adieu, quand je reviendrai, je vous reconnaîtrai tous, oui, soyez sûrs que je vous reconnaîtrai tous* », ce mouvement involontaire et spontané, qui fit tomber à genoux tous les témoins de cette scène auguste et déchirante ; voilà ce qu'il est aussi impossible de peindre que d'oublier.

lait bien avoir en moi, mais je m'excusai en annonçant mon départ pour la campagne.

Je partis, en effet. J'ai lu dans les journaux la relation des événemens des trente-un Mars et premier Avril, et j'ai senti le besoin d'en faire une exacte et détaillée.

Ma tâche est remplie. J'affirme que mon récit est sincère, et que c'est dans celui-là qu'il faut chercher la vérité.

NOTICE
SUPPLÉMENTAIRE.

J'ÉTAIS retiré dans l'Agenais. C'est là que je lus, dans les journaux de Paris, *la relation* des faits dont j'avais été le témoin. Cette relation était inexacte et fausse; elle était injurieuse pour Bordeaux , et me blessait personnellement, parce qu'elle dénaturait la mission que j'avais remplie.

Je sentis le besoin de faire connaître la vérité, et je rédigeai la notice qu'on vient de lire.

Cependant, je fus instruit qu'un homme puissant à la Cour de Napoléon, et avec qui ma famille avait eu des liaisons d'amitié, *trompé*, *sans doute*, par ce faux rapport, avait fait à son maître l'éloge de ma conduite, et parlait, dans quelque lettre, d'une *récompense* qui m'était destinée.

Je frémis et je partis sur-le-champ pour

Bordeaux. J'allai directement chez le génera. Clausel ; je le trouvai avec les généraux Harispe, Lafon-Blaniac et Barbot. Je lui fis part de l'objet de ma visite ; je me plaignis de l'infidélité du récit consigné dans les journaux, et je lui rappelai les faits véritables. Il reconnut la justesse de mes observations. Je lui demandai alors l'autorisation de faire insérer, dans le journal de Bordeaux, une courte lettre, dans laquelle je déclarerais que les relations des journaux de Paris contenaient des inexactitudes graves sur tout ce qui m'était personnel. Il y consentit sans difficulté, et m'autorisa à en assurer, de sa part, le propriétaire du journal (1).

---

(1) Je ne dois pas passer sous silence un fait qui paraîtra digne de remarque. Pendant que le général Clausel parlait avec quelqu'un qui venait d'entrer, le général Lafon-Blaniac s'approcha de moi et me dit : « Vous êtes bien heureux de pouvoir réclamer et » protester. Le général Harispe et moi ne le pouvons pas, et cepen- » dant, nous en avons sujet plus que personne. Vous avez lu, » continua-t-il, dans l'Indicateur, que nous avions profité du » départ du premier courrier pour adresser à Napoléon les assu- » rances de notre dévouement et d'une fidélité inaltérable. Je » vous jure qu'il n'y a pas un mot de vrai dans cette allégation , » et que nous n'avons rien écrit de semblable ». Le général Harispe était présent à cet entretien , et ne dit rien pour nier ni pour affirmer ce que disait le général Lafon-Blaniac.

J'y courus. Le propriétaire voulut une autorisation formelle. J'écrivis au général pour
la lui demander. Voici sa réponse que j'ai
conservée :

« Le général Clausel ne *s'oppose pas* à ce
» qu'on écrive et imprime *tout ce que l'on vou-*
» *dra*, sur le rapport qui a été fait des cir-
» constances qui ont précédé son entrée à Bor-
» deaux ».

Bordeaux, le 19 *Avril* 1815,

Signé CLAUSEL.

Je retournai, avec cette réponse, au bureau
du journal. Elle ne parut pas suffisante ; mais
on alla consulter le chef de la police. Celui-
ci traça au journaliste la réponse qu'il devait
faire : « Je n'ai point mis dans ma feuille la
» relation dont vous vous plaignez ; je ne peux
» pas y insérer la protestation. — Adressez la
» aux journaux de Paris ».

Déchu de toute espérance de ce côté, je me
déterminai à faire imprimer ma lettre séparé-
ment. Je m'adressai à l'imprimeur Lavigne,
dont les sentimens m'étaient connus. Il me dit
qu'il lui fallait une autorisation du Préfet. Je

lui montrai la déclaration du Conseil-d'Etat, qui proclamait la liberté de la presse; il me répondit en me montrant des instructions postérieures qui réglaient la conduite des imprimeurs.

J'écrivis à M. Fauché. Je le priai de ne pas me faire attendre sa réponse; il me l'envoya le soir même. *La voici :*

« MONSIEUR,

» Je n'ai le droit ni d'autoriser ni de défen-
» dre la publication, par la voie de l'impres-
» sion, d'un écrit revêtu *de la signature de l'im-*
» *primeur; c'est la seule garantie exigée.*

» Agréez, etc ,

» *Signé* FAUCHÉ ».

Les derniers mots de cette lettre parurent, à M. Lavigne, un avertissement suffisant, et je reconnus que, dans sa position particulière, il devait être plus prudent qu'un autre.

Je repris mon manuscrit et m'adressai à M. Lawalle jeune. Celui-ci me dit qu'il s'attachait à mon sort et consentait à courir la même chance que moi. Il se chargea d'imprimer ma lettre.

Nous étions au 20 Avril. Je tremblais de voir se réaliser la menace d'une récompense. J'écrivis à l'homme puissant, dont j'ai déjà parlé, la courte lettre que voici :

« MONSIEUR LE COMTE,

» J'arrive de l'Agenais ; je viens d'apprendre » que M. T.... a reçu une lettre, dans laquelle » il est question d'une récompense qui me se- » rait destinée pour la conduite que j'ai tenue » dans les derniers événemens de Bordeaux. Je » m'empresse de vous écrire pour vous décla- » rer que la relation qui a été faite, de ces » événemens, est inexacte, et pour vous sup- » plier, au nom de l'amitié que vous avez bien » voulu témoigner à ma famille, d'empêcher » qu'on ne m'accorde une récompense qui » pourrait être mal interprêtée, et que je me » verrais contraint de refuser.

» J'ai l'honneur, etc. ».

Je lisais la copie de cette lettre sur la place de la Comédie, à Bordeaux, à un assez grand nombre d'individus réunis, parmi lesquels se trouvaient MM. Daugeard, Bley, Vernejoul et de la Ville (1), lorsqu'on me remit un paquet

____

(1) En rappelant ici le nom de M. de la Ville, je ne puis m'em-

venant de la Préfecture, et qui m'était adressé.

Je le décachetai et j'y trouvai un décret de Napoléon, qui me nommait chevalier de la légion d'honneur.

Jamais arrêt de mort n'a été reçu avec plus d'effroi et d'horreur. Je protestai hautement, et devant tous ceux qui s'étaient successivement assemblés, contre cette flétrissante marque d'honneur que je repoussai avec une indignation dont je ne peux pas rappeller ici l'expression.

---

pêcher de dire un mot du dernier article qui a paru dans *le Mémorial Bordelais*, du premier Avril :

Déjà le bruit du canon avait annoncé l'approche de l'ennemi et l'imminence du danger. Déjà le cri du parjure et de la trahison s'était fait entendre non loin de nous. C'est dans ce moment que M. de la Ville a le courage d'imprimer et de publier la plus noble et la plus énergique des professions de foi. Jamais le respect et l'amour pour le meilleur des Rois, jamais le mépris et l'horreur pour le tyran, et l'indignation contre ses complices, ne furent exprimés avec plus de force, de feu et de vérité. M. de la Ville ne se dissimulait pas le péril qu'il appelait sur sa tête; mais sa résolution était prise : « Mon père est mort sous la hache révolu-
» tionnaire, disait-il, et j'ambitionne d'être jugé digne du même
» honneur si le disciple et le successeur de Robespierre venait à
» triompher ». Heureusement, pour ceux à qui le talent et le courage sont chers, cette noble ambition n'a pas été satisfaite.

Mes protestations furent rapportées à la police , et quelques hommes obligeans vinrent m'en avertir. Je me déterminai à quitter Bordeaux, mais non sans avoir completté mon ouvrage.

Je retirai des mains de l'imprimeur cinq cents exemplaires de ma réclamation contre la relation des journaux de Paris. Je les distribuai moi-même, aidé de mes amis; et ce devoir rempli, j'abandonnai cette ville de deuil et de larmes, pour n'y revenir que lorsque mon dévouement pourrait y être utile , ou lorsque le triomphe de l'honneur et de la vertu y aurait ramené le bonheur et la paix.

Peu de jours après, je reçus, d'un employé à la police de Paris, une lettre écrite avant l'arrivée de la mienne, et où on me parlait encore *de faveurs*, *de perspective*, *de brillante carrière*. Je pouvais m'en remettre, pour la réponse, à ce que j'avais déjà écrit; mais je ne voulus pas laisser d'incertitude.

Je répondis que dans tout ce que j'avais fait, je n'avais été que le mandataire, le délégué de MADAME; que je n'avais agi que pour elle, que d'après ses ordres ; qu'il n'y avait rien là qui pût me mériter la faveur de Napoléon, et que j'étais irrévocablement décidé à n'en pas profiter.

Depuis ce moment, je n'ai plus eu d'offres ni de lettres ; j'ai continué à vivre retiré jusqu'aux premiers jours de Juillet , n'ayant plus que la crainte des punitions , bien préférable pour moi à celle des récompenses.

———

N. B. Je ne parle pas ici de ce qui s'est passé à Bordeaux , pendant le séjour du général Clausel , et des événemens qui ont précédé et accompagné le retour de la couleur chérie. Ce récit important doit être le sujet d'une relation particulière.

FIN.